L'AFFAIRE

DES

CAROLINES

ÉTUDE DE DROIT INTERNATIONAL

PAR

Louis SELOSSE

Avocat au Barreau de Lille,

Docteur en Droit,

Professeur de Droit international à la Faculté libre.

PARIS

LIBRAIRIE GUILLAUMIN ET Cⁱᵉ

Éditeurs du *Journal des Économistes*, de la *Collection des principaux Économistes*,
du *Dictionnaire de l'Économie politique*,
du *Dictionnaire du Commerce et de la Navigation*, etc.

RUE RICHELIEU, 14.

1886

L'AFFAIRE

DES

CAROLINES

ÉTUDE DE DROIT INTERNATIONAL

PAR

Louis SELOSSE

Avocat au Barreau de Lille,

Docteur en Droit,

Professeur de Droit international à la Faculté libre.

PARIS

LIBRAIRIE GUILLAUMIN ET Cie

Éditeurs du *Journal des Économistes*, de la *Collection des principaux Économistes*,
du *Dictionnaire de l'Économie politique*,
du *Dictionnaire du Commerce et de la Navigation*, etc.

RUE RICHELIEU, 14.

1886

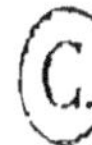

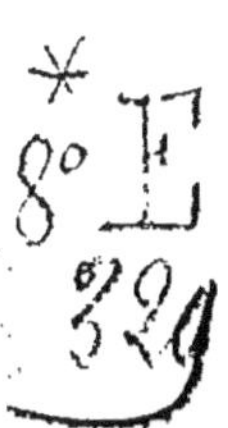

Les opinions émises dans une publication quelconque, livre, mémoire, discours, etc., par un membre de la Faculté, engagent seulement la responsabilité de l'auteur. Elles ne peuvent être considérées comme l'expression d'un programme, d'une méthode ou de principes approuvés par la Faculté.

L'AFFAIRE DES CAROLINES

ÉTUDE DE DROIT INTERNATIONAL

L'affaire des Carolines, sur laquelle j'ai eu l'occasion de donner mon humble avis, est, dit-on, diplomatiquement résolue, et ce petit livre paraît venir trop tard. Il n'en est rien. Si la politique est satisfaite, la question générale de droit international, qui s'agitait dans ce conflit, n'est pas tranchée et d'un jour à l'autre peut renaître. C'est le résultat inévitable de la politique coloniale du prince de Bismarck qu'un académicien humoriste a résumée ainsi : « Les Allemands ont
» prouvé plus d'une fois qu'ils s'entendaient à se
» faire une part léonine dans les possessions des
» peuples étrangers sans participer aux charges de
» la colonisation. On laisse à son prochain le soin
» coûteux de bâtir, d'aménager, de meubler la mai-
» son et on s'en assure la jouissance sans bourse

» délier. Cette politique, aussi adroite que commode,
» n'est point une invention récente ; elle a été ima-
» ginée et pratiquée depuis des siècles par un oiseau
» qui n'a jamais joui d'une grande faveur parmi la
» gent ailée. Cet oiseau est le coucou, lequel ne
» niche pas et trouve plus simple de déposer ses
» œufs dans le nid des autres (1). »

Pour rendre cette politique un peu présentable, il a fallu la parer de couleurs juridiques. La diplomatie allemande prétend en avoir inventé la recette. Que vaut cette trouvaille ? Tel est l'objet de ces quelques pages, qui, sans viser à l'originalité, se bornent à résumer et à mettre en lumière des faits et des principes connus (2), et que j'adresse à mes amis d'Espagne comme un témoignage tout particulier de sympathie pour leurs patriotiques anxiétés.

(1) G. Valbert, *Revue des Deux-Mondes*, 1er novembre 1884 ; — Stegemann, *Deuschlands koloniale politik*. Berlin. 1884.

(2) Vicente Romero y Giron, *La cuestion de las Carolinas ante el derecho internacional* (Revista de los tribunales, août 1885) ; — *Bulletin de la Société de géographie de Madrid*, juillet 1885 ; — *Société espagnole de géographie commerciale*, 30 août 1885.

Il a paru aussi un article dans *el Siglo*.

PRÉLIMINAIRES

La politique coloniale allemande.

Jusqu'en 1884 la politique coloniale du prince de Bismarck ne s'était pas nettement dessinée. Des Compagnies allemandes, de Hambourg notamment, avaient bien, dès 1876, créé des comptoirs dans la plupart des îles de l'Océan Pacifique et accaparé la majeure partie du commerce. Pour protéger ces établissements, des consuls et des agents consulaires avaient été nommés dans l'archipel des Amis, dans la Nouvelle-Bretagne, dans la Nouvelle-Irlande, dans l'île du Duc d'York, dans l'île Ellice, dans les archipels Gilbert et Salomon, sous la dépendance d'un consul général établi à Apia. Mais ces faits multiples ne faisaient qu'attester l'activité des commerçants allemands, le développement de leur marine marchande et la préoccupation constante de leur gouvernement de veiller strictement aux intérêts des nationaux, si loin qu'ils fussent engagés.

Les autres États se contentaient d'observer, avec une jalousie plus ou moins déguisée, ces agrandissements successifs qui n'atteignaient directement aucun de leurs droits.

En 1884, il ne s'agit plus de comptoirs plus ou moins achalandés, de dépôts de charbon, de privilèges commerciaux obtenus à bon compte des rois indigènes. La pensée politique, l'esprit de conquête s'accuse ouvertement (1).

Au mois de juillet, les journaux annonçaient que le gouvernement allemand venait d'occuper la baie d'Angra Pequêna sur la côte du pays des Namaquas dans l'Afrique occidentale. « Ce sera, disait pour » tout commentaire M. Delavaud dans la *Revue de* » *Géographie*, la première possession coloniale de » l'empire allemand. Ce commencement n'a rien » d'exceptionnellement brillant, mais c'est un com- » mencement (2). »

Le géographe a été bon prophète. Trois mois plus tard, il annonçait que le drapeau fédéral était planté sur les bords de la rivière Cameroon, dans le golfe de Guinée, et que la conquête nouvelle, s'étendant du Cuanène au fleuve Rouge, représentait un profil maritime équivalent à la distance de Dunkerque à Bayonne. Aussi, dès l'ouverture de la Conférence de Berlin, le prince de Bismarck pouvait montrer avec orgueil aux représentants des États européens,

(1) *Revue des Deux-Mondes*, G. Valbert, la politique coloniale allemande, 1er novembre 1884 ; — *Revue des Deux-Mondes*, Cucheval-Clarigny, la puissance anglaise, juillet 1885 ; — *The contemporary Review*, the German colonial Movement ; — Deckert, *Die colonial reich*, Leipsig. 1885. *Économiste français*, — 1885, p. 257-289-332-396.

(2) La nouvelle colonie fut, pour ainsi dire, immédiatement enregistrée ; — Deutche kolonialkarten. Karte von Angra Pequêna und Sud-Africa. *Muller und Riemer*. Weimar.

sur l'immense carte d'Afrique suspendue au-dessus de son siège de président, les premiers résultats de sa politique coloniale.

Le Chancelier de fer a suivi le programme qu'il avait conçu, sans souci des obstacles et avec la résolution de tenir tête à la résistance, lorsqu'il rencontrerait sur son chemin les prétentions ou les réclamations d'un État européen.

L'occasion ne tarda pas à se présenter et le mit aux prises avec la puissance la plus jalouse de ses droits maritimes, l'Angleterre. Le conflit que l'occupation de la Nouvelle-Guinée a provoqué présente trop d'analogie avec la question que je me propose d'examiner pour ne pas en dire un mot.

On sait que cette île, plus grande que la France, appartient, pour la partie occidentale, aux Hollandais qui y ont fondé des établissements importants(1). La partie située à l'est du 141ᵉ degré de longitude figure parmi les possessions anglaises, bien que les Anglais n'y aient fait aucun essai de colonisation jusqu'à cette époque. Dès 1880, la Compagnie allemande de la Mer du Sud avait signalé l'opportunité de créer des comptoirs sur la côte septentrionale, et la publication de ses visées souleva en Australie de vives protestations. La Convention réunie à Sydney se fit l'écho de l'émotion générale dans l'ordre du jour suivant : « Toute acquisition nouvelle par une » puissance étrangère quelconque, dans l'ouest du » Pacifique, au sud de l'Équateur, serait hautement

(1) *Revue de géographie*, mai 1885 ; article du prince Roland Bonaparte.

» préjudiciable à la sécurité et à la prospérité des
» possessions britanniques en Australie et porterait
» atteinte aux intérêts de l'Empire. »

Le gouvernement métropolitain attendit jusqu'en
mai 1884 pour donner satisfaction aux réclamations
des colons ; il promit alors, moyennant un subside
que ceux-ci s'engageaient à fournir, d'établir effectivement son protectorat sur l'île en question. Mais,
chose étrange, quand il fallut s'exécuter, M. Glad-
stone déclara, le 13 août, au Parlement qu'il avait
seulement en vue la côte méridionale, à l'est des
possessions hollandaises. Les diplomates allemands
ne manquèrent pas de prendre acte de cette res-
triction, et quand, le 18 novembre, le Chancelier
fut avisé de la proclamation du protectorat anglais
dans la région indiquée, un mois après, jour pour
jour, le drapeau fédéral flottait sur la côte septentrionale et les îles adjacentes. La Nouvelle-Bretagne
changeait même son nom contre celui du prince de
Bismarck. De là grand émoi en Australie, protestations du ministère anglais, échange de notes
plus ou moins acerbes ; le débat n'est pas encore
clos et les dernières dépêches n'ont pas été publiées.
Le plus clair, c'est que les Allemands ont maintenu
leur occupation (1).

En janvier 1885, la même politique se continue,
avec moins de bruit, en Afrique, d'abord sur le
territoire de Nokki, entre les possessions portugaises
et le nouvel État libre du Congo, puis sur la côte
occidentale de l'île de Zanzibar, enfin dans le pays

(1) *Livre blanc* communiqué au Reichtag, le 5 février 1885.

des Yorubas, des Agbotos et des Mahins en Guinée. Un conflit faillit alors s'élever avec la France au sujet de la rivière Dubreka, au nord de Sierra-Leone, dont les Allemands voulaient soumettre le bassin à leur protectorat, au mépris des traités qui placent les rois indigènes sous la suzeraineté de la France (1).

A ce moment surgit, avec quel éclat, on s'en souvient, la question des Carolines.

Cet archipel appartenait depuis plus de trois siècles à l'Espagne qui l'avait rattaché à la capitainerie générale des Philippines, mais n'y entretenait aucun établissement administratif ni militaire. Cédant aux sollicitations des Européens établis dans le pays, le gouvernement espagnol s'était décidé, après des études préalables, à y installer un gouverneur spécial. Ce gouverneur est nommé ; il part de Manille le 10 août avec deux transports de la marine royale chargés des matériaux destinés à la construction des édifices publics, et il débarque le 21 dans l'île d'Yap, la capitale, pour ainsi dire, de l'archipel, avec les fonctionnaires subalternes qui vont l'aider, un médecin, des missionnaires et un détachement d'infanterie. Le 25 au soir, arrive dans le même port de Jomil la canonnière allemande l'*Iltis* ; le capitaine descend à terre, arbore sur une maison le drapeau fédéral et prend possession, au nom de son gouvernement, de cette terre espagnole !

La politique dont on vient de constater le développement n'est pas nouvelle. Elle a jadis été pra-

(1) *Revue de géographie de Marseille*, avril 1885.

tiquée par l'Angleterre, toutes les fois qu'elle n'y voyait aucun danger, en attendant qu'elle la subit elle-même. C'est de cette façon, par exemple, qu'elle a enlevé les îles Malouines à la République Argentine, au mépris des droits les plus solidement établis (1).

Ce n'est pas non plus une politique de hasard. Elle possède un programme qui prétend découler logiquement d'un principe de droit. Ce principe, quel est-il ?

J'en trouve la formule, assez piquante, du reste, dans la confidence qu'un diplomate prussien faisait dernièrement au correspondant du *Temps* : « Nous » pouvons admettre la priorité d'occupation comme » base de la souveraineté sur tout l'archipel, mais » admettre le droit ancien, ce serait reconnaître » que nous avons tenté de commettre un acte de » piraterie. »

Voilà qui est bien simple. Ce n'est rien pour un État d'avoir découvert des territoires inconnus, d'avoir frayé la route vers eux et de les avoir considérés pendant des siècles ouvertement et publiquement comme soumis à sa souveraineté. Le seul titre valable de propriété, c'est la possession actuelle, physique et continue ; c'est elle également qui détermine la mesure du droit. Aussi longtemps qu'un État n'entretient pas sur tel littoral, sur telle île, une force permanente ou des stations commerciales, sa souveraineté n'est qu'un vain mot ;

____

(1) Moser, *Versuch*, l. V, 9, § 5 ; Philimore, *International Law*, I, n° 248 ; — Calvo, *le Droit international*, 1880, t. I, p. 332 et les références.

cette île, ce littoral, est censé n'appartenir à personne et, partant, destiné à devenir la proie du premier occupant.

La propriété d'une quantité considérable de terres classées jusqu'ici parmi les possessions européennes demeure, en vertu de cette théorie, en suspens et devient le prix de la course. Les colonies, en effet, constituent un capital de réserve qui ne peut être mis en œuvre que lentement et avec des précautions infinies. Voyez, par exemple, l'Australie : la moitié du continent est encore inexplorée, et les trois cinquièmes des côtes ne possèdent aucun établissement. Si le principe est vrai, un champ immense est à la disposition des derniers venus dans le Nouveau-Monde, tandis que deviennent précaires les droits de ceux qui ont fait les premières dépenses de courage, de science, d'hommes et d'argent !

La question des Carolines présente donc un intérêt considérable au point de vue du droit international. Je me propose de l'examiner, en mettant d'abord en relief les principes sur lesquels se fondent la propriété territoriale des États dans les contrées nouvelles, en rapprochant ensuite de ces règles les titres que le gouvernement espagnol invoque, en répondant enfin aux objections qui peuvent être faites à l'appui des prétentions allemandes.

CHAPITRE I

Les principes de droit international (1).

Quatre questions se présentent ici :

I. Comment s'acquiert la propriété internationale des territoires situés dans le Nouveau-Monde ?

II. Comment se conserve-t-elle ?

III. Quelle en est l'étendue ?

IV. Les précédents sont-ils conformes aux règles exposées ?

I. Lorsque le territoire dont plusieurs États se disputent la propriété est désert ou traversé seulement par des hordes nomades, le droit des gens

(1) Consulter notamment : Grotius, *De jure pacis et belli*, lib. 2, cap. 3 et 4 ; — Vattel, *Le Droit des gens*, liv. I, chap. 17, §§ 81 et seq. ; — Philimore, *International Law*, vol. I, chap. XIII ; — Ortolan, *Des moyens d'acquérir le domaine international* et *Revue critique de législation*; 1849, III, p. 5 ; — Calvo, *Le Droit international*, t. I, § 214 ; — Heffter, *Le droit international public de l'Europe*, § 70 ; — Kluber, *Droit des gens moderne de l'Europe*, §§ 47, 126 ; — Bluntschli, *Droit international codifié*, art. 276 et suiv. ; — Gunther, *Volkerrecht*, t. I, ch. 6 ; — Martens, *Éd. Vergé. Précis* I, p. 130 ; — Carnazza Amari, trad. Montanari, *Traité de droit international pendant la paix*, t. II, p. 21 ; — Dudley Field, *Projet de Code international*, art. 38 ; — Fiore, *Droit international public*, ch. IV, t. I ; — Wheaton, *Éléments*, ch. IV, § 5, p. 159, t. I.

fournit un criterium dont la légitimité est incontes-
tée. C'est purement et simplement la règle du droit
romain : *quod nullius est, ratione naturali occu-
panti conceditur* (Dig. fr. 3, liv. 41, tit. 1). La
priorité de l'occupation fixe l'origine de la propriété.

Lorsqu'au contraire une population plus ou moins
nombreuse est établie sur le sol, y vit et s'y perpé-
tue, l'équité paraît inspirer une solution encore bien
simple : la terre devrait appartenir aux indigènes.
Quelle que soit leur barbarie, il ne devrait pas être
permis aux États civilisés de les expulser, de les
soumettre ni de leur confisquer avec leur propriété
leur indépendance. Au lendemain des premières
découvertes, le dominicain espagnol, Francesco
Vitoria (1), s'est fait en vain l'ardent défenseur de
la cause des Indiens. Après lui, la plupart des
auteurs ont repris la même thèse, mais sans plus de
succès. Le droit des indigènes est demeuré dans le
domaine de la théorie, et, si la pratique a condamné
les violences barbares qui furent parfois employées
à leur égard, elle ne les a pas moins laissés de côté
quand elle eut à résoudre la question de la propriété
de leurs territoires.

Le principe qui prévaut et que Calvo appelle le *droit
de civilisation* est celui qu'on applique aux terres
inhabitées. Il se déduit d'un raisonnement très simple : les États sont les sujets propres du droit des gens,
et ce n'est qu'entre États que peut surgir la question
de la propriété internationale ou de droit des gens.

(1) 1480 à 1527. *De Indis. De potestate civili*, pars I, n° 9.

Or à quels traits caractéristiques peut-on les reconnaître? Ils en portent deux, de l'aveu de tout le monde; ils sont établis sur un territoire particulier et possèdent chacun une autorité souveraine, distincte, et régulièrement organisée. Par conséquent les peuples sauvages, n'ayant pas un véritable gouvernement régulier, autonome et reconnu tel, manquent d'organisation politique et ne constituent pas des États. Il ne peut donc être question à leur égard de la propriété internationale; tout au plus peut-il s'agir dans nos rapports avec eux de la propriété individuelle ou de la propriété de famille.

Ainsi, les territoires de ce genre, n'appartenant pas à un État proprement dit, sont, dans les rapports des États, considérés comme vacants et sans maître. La propriété s'en acquiert par *l'occupation*.

La validité de l'occupation et la vertu acquisitive qu'elle possède sont subordonnées à des conditions que chacun connaît.

Il faut, d'abord, que le territoire soit vraiment *res nullius*, c'est-à-dire qu'il n'ait pas été préalablement occupé par un autre État, ou que le premier occupant l'ait abandonné avec l'intention arrêtée de renoncer à ses droits.

Il faut, d'autre part, que l'on retrouve dans la prise de possession les deux éléments qui caractérisent la détention à titre de maître, l'un moral, l'autre matériel, *animo et corpore*, disait le droit romain.

Le premier, c'est-à-dire la volonté de devenir propriétaire, sera réalisé si l'auteur de la découverte ou de l'occupation est un représentant officiel de l'État, agissant au nom du souverain. Il le sera encore si l'État a ratifié et pris pour lui les actes accomplis d'abord par de simples particuliers sans caractère public et sans mandat.

La seconde condition consiste dans l'appréhension réelle du territoire. Il ne suffit pas d'avoir le premier vu une terre, d'en avoir précisé la position géographique, d'y être même descendu un instant. Comme dit Bluntschli, « découvrir est un acte de » la science et non un acte politique. » Bien plus, les navigateurs ont maintes fois eu recours à des cérémonies extérieures pour attester leur prise de possession. Ils ont arboré des drapeaux, planté des croix, gravé des inscriptions sur la pierre ou le bois. Ces faits, considérés isolément et tant qu'ils sont seuls, ne suffisent pas pour constituer une véritable occupation. Ils sont simplement l'expression symbolique de l'intention de s'approprier le territoire et annoncent qu'on est en présence d'un projet plus ou moins sérieux, mais non d'un fait accompli.

Est-ce à dire qu'il faille dès le début installer sur la terre nouvelle toute une série de postes, de comptoirs, d'agences, de factoreries qui occupent, dans le sens matériel du mot, une portion notable du sol?

Évidemment de tels actes sont désirables, parce qu'ils mettent hors de doute la volonté de s'approprier le territoire, mais ce ne sont pas les seuls qui constituent la prise de possession. Les exiger exclusivement, ce serait porter atteinte à l'indépendance

de l'État possesseur. Car, dit Calvo, « il n'a à rendre
» compte à personne de la façon dont il use de sa
» propriété, » il est seul juge de l'opportunité de
tel ou tel mode d'administrer.

Pour juger s'il y a une prise de possession effective, il faut d'abord tenir compte des utilités que le
territoire peut produire et de l'usage qu'on en peut
faire. Par exemple, si la nouvelle conquête n'est
bonne que pour la pêche ou la chasse, l'installation
de pêcheries intermittentes ou de battues périodi-
ques aux époques favorables, constituera un établissement suffisant. C'est ainsi que les jurisconsultes
romains résolvaient la question classique des *saltus
œstivi hibernique*. Par exemple encore, s'il s'agit
d'un littoral inculte qui n'est bon qu'à fournir, dans
ses replis, un abri sûr aux vaisseaux, c'est le pos-
séder que de s'en servir soi-même à l'occasion et
de l'offrir aux navigateurs. Je ne vois pas pourquoi
l'État occupant serait forcé d'y faire des dépôts de
charbon, d'y ériger un sémaphore, d'y construire
un chenal, etc.

Il faut, d'autre part, considérer que la propriété
internationale est synonyme de souveraineté et par
suite approprier à cette signification la possession
elle-même. Dans le domaine du droit des gens, ce
dernier mot doit être dégagé de ce qu'il peut avoir
de matériel et de physique dans le domaine du droit
privé et le définir, en somme, l'exercice de la souveraineté. Or il y a d'autres actes de souveraineté
que ceux qui s'affirment par des matériaux et des
constructions. Toute tentative sérieuse de coloni-

sation, même quand elle échoue, est un acte de souveraineté et par suite un acte de possession. Suivant l'expression de M. Ortolan, un territoire est possédé par un État *lorsqu'il est à sa disposition*, c'est-à-dire lorsque l'État a la possibilité d'y prendre quand il voudra « les mesures propres à » établir une domination permanente (1). »

Dans l'examen des questions de ce genre, l'appréciation des faits joue un rôle considérable, mais on voit qu'en théorie il est facile de préciser les conditions nécessaires à l'acquisition de la propriété.

Quant aux droits des indigènes, ils sont, d'après l'opinion commune, suffisamment sauvegardés, si on ne les expulse pas, si on achète aux intéressés les terrains destinés soit à l'établissement des services publics et des comptoirs commerciaux, soit à l'installation des immigrants, si surtout, respectant leur indépendance, on se contente de les soumettre à un protectorat accepté par eux. Il est vrai qu'en fait une rigide honnêteté ne préside pas toujours à la confection de ces actes et que le protectorat est souvent le déguisement pudique de l'assujettissement (2).

(1) Heffter, *loc. cit.*, § 70, 3°.

(2) M. Cucheval-Clarigny raconte ainsi la prise de possession de la Nouvelle-Guinée par les Anglais, au mois de novembre 1884 :

« Le missionnaire Lawes fut chargé d'amener quelques chefs de l'intérieur; les commandants du *Raven* et de l'*Espiègle* en raccolèrent un certain nombre le long de la côte, et le 6 novembre, environ cinquante chefs se trouvèrent réunis à bord du bâtiment amiral, le *Nelson*. La plupart d'entre eux étaient absolument nus; quelques-uns avaient seulement sur le front un bandeau en coquillage et un paquet de plumes, deux ou trois portaient des lambeaux de vieilles chemises.... Après avoir souhaité la bienvenue aux chefs, le commodore fit apporter

II. Ce n'est pas assez d'acquérir la possession d'une nouvelle terre, il faut la conserver. Par quels moyens? la réponse paraît simple de prime abord.

La possession, inaugurée par un État *animo domini et corpore*, se prolonge avec ses effets juridiques aussi longtemps que les deux éléments qui la constituent se maintiennent eux-mêmes. Par conséquent, si l'État abdique les droits qu'il pouvait avoir, s'il manifeste la volonté de délaisser ce qu'il avait acquis, cela suffit pour effacer son titre de propriétaire, alors même que quelques-uns de ses nationaux conserveraient encore des établissements sur le territoire abandonné.

Si, à l'inverse, l'État, tout en conservant l'intention bien ferme de garder dans son domaine la terre qu'il a occupée, n'y crée cependant, après la première prise de possession, aucun établissement

un grand chaudron de riz bouilli, sucré avec de la cassonade, et on en distribua de pleines écuelles à tous les assistants qui s'en repurent avec autant de rapidité que de satisfaction. Ce régal terminé, le commodore, ayant le missionnaire pour interprète, expliqua aux assistants qu'ils allaient avoir le bonheur de vivre désormais sous l'autorité de Sa Majesté britannique, qui se chargeait de les protéger, qu'ils conserveraient tous leurs biens et toutes leurs libertés, sauf le droit de vendre des terres aux étrangers et de leur acheter des armes à feu, de la poudre et des spiritueux. A la fin de ce petit discours, le commodore fit avancer Boevagi, le plus important des chefs, daigna lui serrer la main et lui remit comme insigne de sa prééminence sur les autres chefs, une canne dans la pomme de laquelle on avait fixé un florin avec la tête de la reine en-dessus, façon économique de gratifier ce sauvage du portrait de la souveraine. Chacun des chefs reçut alors en présent une hachette, un couteau de boucher, une chemise de couleur, et quelques rouleaux de tabac à chiquer. Ils se retirèrent enchantés, et sans plus de frais ni de cérémonie, le nombre des sujets de la reine Victoria se trouve accru de plusieurs centaines de mille. » (*Revue des Deux-Mondes*, 1er juillet 1885.)

permanent et se contente d'une souveraineté purement nominale, dira-t-on encore qu'il est déchu de son droit et que la terre devient sans maître ? Peu d'auteurs examinent la question dans ces termes. Remarquez, du reste, qu'elle diffère de celle que nous avons résolue plus haut en proclamant la nécessité de la possession effective au début de l'occupation. Il s'agit ici du défaut d'exercice de la souveraineté, après que la souveraineté a déjà été exercée par des actes plus ou moins fréquents.

Je suis disposé à croire qu'il faudrait se décider en faveur du maintien de la propriété. Voici pourquoi :

1° La théorie de la possession dans ses rapports avec la propriété internationale est tout entière tirée du droit romain ; pourquoi laisser de côté la règle que les jurisconsultes finirent par étendre à tous les immeubles et d'après laquelle la possession se garde *animo tantum* (Dig. fr. 25, § 2, fr. 46, liv. 41, tit. 2, fr. 1, § 25 *de vi*)?

2° Rien n'est plus rationnel. La privation de la propriété ne se comprendrait qu'à titre de peine. L'État qui laisse sa colonie à l'abandon, manque, dit Bluntschli, à son devoir, parce qu'il retarde l'humanité dans la poursuite de son but qui est la civilisation. Mais pour exécuter une peine, il faut une loi qui la prononce et un juge qui l'applique. Or il n'y a pas au-dessus des États, tous égaux et tous souverains, un pouvoir supérieur et commun qui ait la mission de définir les délits internationaux et de les réprimer.

3° Enfin la politique internationale demande le maintien de cette règle. Sans elle, on autorise les États à s'immiscer dans les affaires les uns des autres ; c'est une sorte de mise en demeure en expectative adressée aux puissances maritimes, les sommant d'avoir à coloniser et menaçant d'un contrôle permanent et occulte les plans et les mesures de colonisation. Comment concilier de semblables prétentions avec le principe de non-intervention ?

Bref, la propriété une fois acquise se conserve *ipso facto* aussi longtemps qu'elle n'a pas été sciemment abandonnée ou aliénée.

III. Les règles qui président à l'acquisition de la propriété internationale et qui en assurent la conservation vont servir à en préciser l'étendue. *Quantum possessum, tantum acquisitum,* dit un vieil adage que l'on peut traduire dans notre matière par cette formule : la propriété s'étend jusqu'où la souveraineté s'est elle-même exercée.

Mais il faut bien entendre ces termes et se rappeler la recommandation du savant Hollandais Bynkershoeck : « *Neque enim desidero ut tunc demum videatur quis possidere, si res mobiles, ad instar testudinum, dorso ferat suo, vel rebus immobilibus incubat corpore, ut gallinæ solent incubare ovis* (1). » On ne peut suivre servilement la lettre sans aboutir à des conséquences absurdes. Une région ne serait acquise que si elle était enserrée dans une chaîne ininterrompue d'établissements, et encore ne serait-

_____
(1) *De dominio maris*, p. 360.

on pas certain que le centre, demeuré inoccupé, ne fût pas un jour revendiqué comme vacant et sans maître. On pourrait même soutenir que le terrain placé sous le feu d'un fort n'est pas effectivement possédé, aussi longtemps qu'aucun coup de canon n'a été tiré. C'est le cas d'appliquer le texte bien connu : *non ita accipiendum est ut qui fundum possidere velit omnes glebas circumambulet; sed sufficit quamlibet partem ejus fundi introire, dum mente et cogitatione hâc si uti totum fundum usque ad terminum velit possidere* (fr. 3, § 1, lib. 41, tit. 2).

Comment tenir un juste milieu entre une interprétation restrictive et les prétentions outrées qui voudraient accaparer une étendue immense et hors de proportion avec les quelques lieues carrées sur lesquelles la souveraineté s'est effectivement exercée?

Il est certain que si l'État colonisateur a lui-même formellement limité son occupation au cercle étroit de quelques comptoirs et dédaigné les territoires plus éloignés, la question se trouve tranchée. Mais où sera la limite quand les actes qui révèlent ses projets n'en indiquent aucune, ou quand, au contraire, ils prétendent s'adresser à toute une contrée ?

Bluntschli propose le criterium suivant : « Aucun » État n'a le droit de s'incorporer plus de territoire » qu'il n'en peut civiliser ou qu'il n'en peut organiser » politiquement. »

Cette formule, malgré son apparence didactique, ne résoud pas le problème. Elle est tout au plus bonne à satisfaire les théoriciens qui s'évertuent, dans le nuage de leurs spéculations solitaires, à déterminer algébriquement le maximum de l'expansion des États; mais on ne peut la transporter dans la pratique sans constater immédiatement combien elle est dangereuse et irréalisable. Elle est dangereuse, parce qu'elle sacrifie d'avance aux grandes puissances les peuples de second ordre en général moins bien pourvus de tout ce qu'il faut de richesse et de crédit pour mener rapidement à bonne fin des expéditions lointaines. Elle est dangereuse encore, parce que, loin d'apaiser les conflits, elle donne un moyen trop facile de les envenimer en légitimant, à propos de toutes les questions coloniales, je ne sais quelle inquisition qui portera sur toutes les affaires d'un pays, sous prétexte de calculer ses forces civilisatrices. Elle est irréalisable, car on n'a pas encore inventé, que je sache, une mesure ni une méthode pour effectuer ce calcul. La science en fût-elle pourvue, il faudrait encore trouver, planant au-dessus des États, une autorité commune, assez désintéressée pour l'appliquer avec sûreté, assez puissante pour l'imposer aux récalcitrants.

Le plus simple est de revenir aux données élémentaires fournies par la raison.

La première, c'est que « l'occupation effectuée de » la chose principale comprendra aussi ses dépen- » dances, lorsqu'elles ne se trouvent pas déjà dans » une possession séparée (*Heffter*). » Par exemple, l'occupation d'un littoral maritime rendra maître des îles ou îlots qui peuvent se trouver dans la mer territoriale. Pour une raison analogue, le traité de protectorat conclu avec un chef de tribut étendra ses effets aux chefs subalternes qui sont unis au premier par les liens d'une espèce de vassalité.

La seconde, c'est qu'une « nation qui occupe un » district doit être censée avoir occupé toutes les » parties vacantes qui le composent (*Martens*). » L'État devient donc propriétaire de tout ce qui forme avec la portion sur laquelle il s'est réellement établi « un ensemble naturel (*Bluntschli*). » Comment mesurer ce district, ou composer cet ensemble ? Il faut rechercher, et c'est alors une étude de fait, quelles en sont les frontières naturelles. Une île est naturellement bornée par la mer. Par conséquent, « l'occupation d'une partie quelconque » d'une île déserte ou habitée seulement par les sau- » vages est censée être une occupation de l'île entière » (*Dudley Field.*, art. 38). » Si la région est fermée par une chaîne de montagnes ou par un fleuve, la borne de l'occupation est par là même toute trouvée. Ainsi encore, et Bluntschli l'admet, tout le bassin d'un fleuve dépend de la colonie qui s'est fondée à l'embouchure. Dans les cas de ce genre, en effet, l'État possesseur a vraiment « la possibilité de » s'établir quand il le voudra sur ces territoires » et de les utiliser pour son avantage particu- » lier (*Ortolan*, Nº 68, 5º). » Or cette possibilité n'est-elle pas le trait caractéristique de la pos- session ?

Il faut donc, pour résoudre la question, tenir compte avant tout des données géographiques et même stratégiques que la configuration du ter- ritoire fournira. Sans doute, on ne peut prétendre que ce procédé aura la vertu magique de lever toutes les difficultés, mais au moins est-il plus réalisable que la formule mystique que j'ai critiquée plus haut.

IV. Les principes qui viennent d'être mis en lumière ne sont pas seulement des règles théoriques conçues par les jurisconsultes ; ils ont été consacrés par la pratique internationale, si l'on veut bien examiner sans parti pris les précédents de la question.

Tout le monde sait que les navigations des Espagnols et des Portugais dans les mers nouvellement découvertes ne tardèrent pas à mettre aux prises les deux États. Pour trancher le conflit, le Pape Alexandre VI décida dans la bulle *Inter cœtera* (1493) (1), demeurée célèbre, que le méridien passant à la distance de cent lieues à l'ouest des îles Açores déterminerait le champ respectif ouvert aux explorateurs des deux pays, l'ouest appartenant aux Espagnols, l'est aux Portugais. Si cette décision a conservé une valeur internationale, la question des Carolines est par cela même tranchée, car l'archipel, en tenant compte du méridien choisi par le traité de Tordesillas (1494), est placé dans le lot de l'Espagne. Aussi les documents diplomatiques publiés par M. Elduayen ne manquent pas de citer la bulle pontificale parmi les titres de propriété qu'ils énumèrent.

J'avoue cependant que si c'est un acte de haute

(1) Dumont, *Corps diplomatique*, III, p. 2, p. 302.

sagesse (1) qu'on doit admirer et qui a eu le mérite de concilier les deux plus grandes puissances maritimes de l'époque, prêtes à en venir aux mains, j'ai quelque peine à le ranger parmi les textes de droit positif qui peuvent servir à résoudre les conflits internationaux de notre temps. Et voici mes raisons. 1° Était-ce vraiment une question de propriété que le Souverain-Pontife entendait trancher et une sorte d'adjudication qu'il prononçait? L'auteur qui, à ma connaissance, a eu le premier à défendre contre Grotius l'acte de partage, Freitas, en 1625, déclare que « ce n'est pas le droit de naviguer et de com- » mercer que les pontifes romains ont concédé essen- » tiellement et isolément aux Portugais, mais bien » plutôt et principalement le droit d'envoyer des pré- » dicateurs et de convertir les infidèles (2).» 2° Quel qu'en soit le sens, la valeur de cette bulle ne peut jamais être que relative. De deux choses l'une, en effet. Ou bien Alexandre VI a agi comme arbitre. Or il est de principe qu'une sentence arbitrale a la même autorité qu'un jugement, limitée par con- séquent aux personnes qui y ont été parties et aux litiges qui en ont fourni l'occasion. Ou bien le Souverain-Pontife a agi au nom de l'autorité su- périeure que les princes chrétiens lui reconnaissaient comme chef de la société internationale ; mais cette haute magistrature a disparu avec l'unité de foi.

(1) *Revue catholique des Institutions,* septembre 1885. Article de M. Routhier.

(2) *De justo imperio Lusitanorum asiatico.* Trad. Quichon de Grand- pont, chap. VI.

Ses commandements, en particulier, sont sans valeur à l'égard des États protestants qui se sont constitués depuis que la société internationale repose sur une autre base que la communauté de croyances religieuses. La portée de l'acte pontifical est donc restreinte aux rapports de l'Espagne et du Portugal. Encore faut-il ajouter que ces deux États ont déclaré dans le traité de Madrid du 13 janvier 1750, article 1er, le tenir pour nul et non avenu (1). 3° Les autres États de l'Europe ne lui ont jamais attribué une valeur internationale et, nonobstant les prohibitions qu'il édicte, les Français, les Hollandais, les Anglais ont poursuivi leurs explorations et fondé leurs colonies dans le Nouveau-Monde (2).

Cependant, à défaut de ce titre positif, les Espagnols peuvent invoquer les solutions qui, sous forme de traités ou de décisions arbitrales, ont mis fin à des difficultés du même genre. Toutes sont d'accord, soit formellement, soit implicitement, avec les principes qui ont été exposés plus haut. Il n'est pas besoin, pour le démontrer, d'entrer dans les détails.

En 1764, Bougainville aborde aux îles Malouines, au port de la Soledad, et y fonde un établissement au nom du roi de France. L'Espagne réclame, bien qu'elle n'ait donné à ces îles aucune organisation

____

(1) Martens, *Recueil* VIII, p. 328.

(2) Il paraît cependant que le roi d'Angleterre Édouard IV se serait une fois soumis à la bulle de 1493, et qu'en 1555, Henri II, roi de France, aurait promis que les Français ne navigueraient pas aux Indes sans la permission du roi d'Espagne. Mais ce sont là des actes isolés qui n'eurent pas de suite.

administrative et n'y ait même commencé aucune entreprise officielle et permanente. Elle fait valoir que ces terres ont été pour la première fois reconnues par Vespuce et Magellan ; elle les revendique comme des dépendances du continent de l'Amérique méridionale, dont elle est propriétaire. Louis XVI, en 1767, s'incline devant ces raisons et donne à la Compagnie française de Saint-Malo, l'ordre d'évacuation (1).

Vingt ans plus tard, l'Espagne se trouve aux prises avec l'Angleterre au sujet de la possession de la côte nord-ouest de l'Amérique septentrionale, vers l'île de Vancouver. Le gouvernement anglais soutient, comme aujourd'hui M. de Bismarck, que les portions du littoral qui ne sont pas effectivement occupées sont « l'héritage commun de tous les hommes. » Après de longs débats, les deux puissances s'engagent à ne fonder respectivement aucune colonie nouvelle au milieu de celles déjà formées, tenant ainsi compte de la priorité de découverte, et interprétant dans un sens large l'exercice de la souveraineté sur le littoral en litige.

En 1825, un traité (2) fixe la limite entre les possessions russes et les possessions anglaises dans le nord de l'Amérique. La ligne séparative part de l'île du Prince de Galles (54° 40 lat.) et aboutit à l'Océan glacial (69° 50). Ni l'Angleterre ni la Russie n'avait cependant fondé d'établissements tout le

(1) Bougainville, *Deuxième Voyage aux Malouines.* Paris, 1771.
(2) Martens, IV, p. 1010.

long de cette immense ligne. Mais on considérait encore la priorité de découverte, puisque le point de départ choisi correspondait précisément avec le point extrême des explorations de la marine russe.

La conclusion du traité anglo-américain de 1846 est due à des considérations analogues (1). La longue frontière de l'Orégon traverse des solitudes qui n'avaient jamais subi l'exercice effectif de la souveraineté soit des États-Unis, soit de la Grande-Bretagne. Elles ne servaient guère jusqu'alors qu'à la chasse aux fourrures (*fur-bearing*). Il ne vint pourtant pas à l'esprit des hommes d'État des deux pays de les considérer absolument comme des *res nullius*.

Dans les arbitrages plus récents qui ont porté sur des litiges moins importants ou moins aigus, l'esprit de conciliation se fait plus généralement sentir et l'emporte peut-être sur la stricte application du droit. Mais dans l'affaire du détroit de Puget entre l'Angleterre et les États-Unis (1863-1867), dans celle de l'île de Balama (1869-1870) entre l'Angleterre et le Portugal, dans celle du golfe San-Juan, où l'Angleterre et les États-Unis prirent l'empereur d'Allemagne pour juge, — et j'en passe — jamais les arbitres n'ont contredit les principes précédemment admis. S'ils ont transigé sur leur interprétation rigoureuse, ils n'ont nulle part d'une façon abolue nié l'influence de la priorité de découverte, quand l'intention de s'approprier était bien certaine, ni précisé d'une façon technique et limi-

(1) Martens, Murhard IX, p. 27.

tative ce qu'il fallait entendre par l'exercice effectif de la souveraineté.

Tout récemment encore, la Conférence de Berlin, en fixant le sort des territoires du Congo, n'a pas fait autre chose que de constater et de concilier les droits des premiers explorateurs; elle aussi a considéré comme des actes suffisants d'occupation les tentatives de colonisation qui ont été faites par eux, et qui cependant ne consistent pas partout dans des établissements permanents et administrativement organisés. Croit-on, par exemple, que dans la région dont la possession a été reconnue à la France par le nouvel État libre, M. de Brazza ait eu, malgré toute son énergie, le moyen de la sillonner par une série continue de fortins, de comptoirs ou de stations? (1).

Il est inutile de prolonger cet examen, mais on peut extraire de cette espèce de jurisprudence internationale les points de repère qui se dégagent des différences de détail et de la diversité des faits : 1° si la priorité de découverte ne constitue pas toute seule un titre suffisant de propriété, c'est un commencement de titre, *inchoate title*, comme dit Philimore (n° 227); il faut en tenir compte quand des faits postérieurs viennent en confirmer le dessein et le caractère ; 2° ces faits postérieurs consistent dans l'exercice de la souveraineté sur le nouveau territoire; mais il faut entendre cet exercice dans un sens large, ne pas le restreindre à des actes purement matériels, et considérer comme tel tout

(1) *Économiste français.* 7-28 mars 1885.

essai sérieux de colonisation ; 3° l'acquisition s'étend à toute la région qui forme avec le territoire primitivement occupé un ensemble naturel.

A la lumière de ce criterium fourni par la raison et l'expérience, je puis maintenant contrôler la valeur des titres invoqués par les Espagnols.

————

CHAPITRE II

Les titres de la couronne d'Espagne (1).

L'archipel des Carolines, que l'on appelle quelquefois îles Palaos, du nom de l'un de ses groupes, ou encore Nouvelles-Philippines, est situé en Océanie, dans la Micronésie. Il s'étend, en prenant la plus large mesure, du 127ᵉ au 162ᵉ degré de longitude orientale et du 4ᵉ au 10ᵉ degré de latitude nord (2); il comprend environ cinq cents îles madréporiques réparties en une quarantaine de groupes. Ces îles

<hr>

(1) *Documentos diplomaticos y memorandum*. Ministerio de Estado, Seccion de politica; — *Revue scientifique* du 5 septembre 1885, art. de M. Edmond Plauchut; — *Lettres édifiantes et curieuses*, 1ᵉʳ recueil, Paris, 1707, 11ᵉ recueil, 1715; — *Relation des îles Pelew*, par Georges Keate, Paris, 1788; — *L'Océanie*, par de Rienzi; — *Welt Boot*, t. XXVII, nᵒ 540; — *Relations de voyage* de l'amiral Lutke, Paris 1836; — *Vingt ans aux Philippines*, par de la Gironière, Paris, 1853; — *Les Philippines*, par J. Mallat, 1846; — *Luçon et Mindanao*, par le duc d'Alençon, 1869; — *Les îles Philippines*, par le comte de Montblanc, 1864; — *Las islas Philippinas en 1882*, par Moya. Madrid; — *Inselgruppen in Oceanien*, Bastian, Berlin, 1884; — *Geschichte der geographischen Entdeckungsreisen* de Lowenberg, Leipsig, 1881; — *Voyage aux Philippines et en Malaisie*, par le Dʳ Montano, Paris, 1885; — et les grands voyages d'Arago, de Dumont d'Urville, etc.; enfin, les références du dictionnaire de Vivien de Saint-Martin. Vᵒ Carolines.

(2) M. Plauchut donne une autre mesure, 135ᵒ à 160ᵒ long. E. ; 6ᵒ à 21ᵒ lat. N.; et Bouillet d'autres chiffres encore, 135ᵒ à 169ᵒ, 6ᵒ à 12ᵒ.

sont d'une étendue très variable; beaucoup d'entre elles ne sont que des rochers inhabités; la plus grande du groupe occidentale est l'île de Yap, appelée aussi Uap, Eap ou Gouap. Elles n'ont pas encore été complètement explorées, et les données que l'on possède sur leur superficie et leur population sont très approximatives. M. Reclus estime que leur surface terrestre représente 2,374 kilomètres carrés et qu'elles comptent 28,000 habitants. M. Vivien de Saint-Martin leur donne une superficie de 45,000 lieues.

De tout temps les Espagnols ont compté cet archipel au nombre de leurs possessions. Leur prétention est fondée 1° sur la priorité de découverte, 2° sur les tentatives répétées de colonisation attestant la continuité de la possession, 3° sur l'organisation administrative tout récemment renouvelée et rajeunissant, par une prise de possession solennelle, les titres anciens, 4° sur le consentement général et l'opinion commune.

I. Je n'irai pas rechercher si les Carolines étaient ou non connues des Phéniciens (1), ni si les Chinois les avaient parcourues avant les Européens (2). Je me borne modestement à citer des faits hors de contestation.

En mars 1521, le célèbre Magellan, Flamand (3) au service de l'Espagne, traversa notre archipel

(1) Court de Gibelin, *le Monde primitif*.

(2) De Guignes, *Académie des Inscriptions*, 28° vol.

(3) On fait généralement de Fernand Magelhaens un Portugais. M. de Decker a démontré son origine flamande, *les Missions catholiques*. p. 101.

avant d'aller mourir à Mindanao, après avoir mouillé aux îles Mariannes qu'il appela îles des Larrons. Quatre ans plus tard, le Portugais Diégo de Roche en parle vaguement sous le nom d'îles Sequeira.

Le 22 mars 1526, Toribio Alonso de Salazar, lieutenant et successeur de Garcia Loaisa, aborde dans l'île Tavugui, nommée aussi Saint-Bartholomé ou Gaspard Rico, dans les Marshall, groupe situé à l'extrémité N.-E. de notre archipel.

En 1528, Alvaro de Saavedra reconnaît les groupes occidentaux, notamment celui d'Ulevi (*aliàs* Oluti, Ouleai) et descend dans l'île d'Yap dont il prend solennellement possession au nom du roi d'Espagne et qu'il dénomme île des Rois (6 janvier). Dans son voyage de retour il explore le groupe central qu'il appelle *Islas de los Barbudos* à cause de l'aspect des indigènes et qui doit être le groupe d'Hogoleu (*aliàs* Roug). Le 14 septembre 1529, il passe dans l'île d'Ualan qu'on appelle aussi île de Strong ou de Hope, puis dans celle de Tugulo, et clôt son voyage par la découverte des îles *Pintados* ou *los Jardines* qui doivent correspondre aux îles d'Orolong (îles des Récifs ou des Matelotes) dans le groupe spécial des Palaos (en anglais *Pelew*).

Cette expédition avait été organisée dans la Nouvelle-Espagne. C'est également de Mexico que partit la suivante, en 1542, sous la direction de Ruiz Lopez de Villalobos. Celui-ci confirma les découvertes de son prédécesseur, reconnut les îles de Corail ou des Espagnols dans la partie septentrionale et prit possession au nom de son souverain du groupe qui compose les Palaos proprement dites.

C'est ce que fit également Michel Lopez de Legazpi en se rendant à son poste de gouverneur des Philippines. Par malheur, l'acte de prise de possession du 9 janvier 1565 n'indique, paraît-il, que la latitude. Il est donc impossible de savoir s'il s'agit d'une île nouvelle ou d'une terre déjà reconnue.

En 1595, Pedro de Quiros découvrit, toujours dans le groupe central, au nord-ouest de Oualan, une île ronde qu'il appela Saint-Bartholomé et que d'autres appellent Soang, Bonebey ou de l'Ascension. Une femme même apporte son appoint ; la veuve de Mendana, Isabelle Bareto, gagne l'île Quirosa à qui Dumont d'Urville donna son nom deux siècles plus tard.

Cent ans s'écoulent et ne nous apprennent rien de précis. En 1686, le pilote Francesco Lezcano ou Lascano est porté, en sortant des Philippines, vers une grande île du groupe d'Ouluthy, l'île Falalep probablement, et lui donne le nom de Caroline, en l'honneur de Charles II, le souverain régnant de l'Espagne. Ce nouveau titre fit fortune et s'étendit à la totalité de l'archipel.

Ces faits sont assez éloquents. Ils démontrent qu'à la fin du seizième siècle les navigateurs espagnols avaient découvert, d'une extrémité à l'autre, les principales parties de ces parages difficiles. Les explorations postérieures ont eu surtout pour résultat de confirmer, de compléter et de coordonner les précédentes. Qu'il me suffise de citer, au compte des Espagnols, et sans parler des voyageurs plus récents, Egoy qui donne son nom au groupe d'Ouluthy, Thompson qui découvrit plusieurs îles du groupe Mac-Askill, Maurelle, Quintanao, Ibergoïtia (1801), Lafita (1802), Monteverde (1806), Saliz (1826). Je n'ai garde de prétendre que l'Espagne ait eu le monopole de la navigation dans cette partie de la Micronésie ; des Français, des Américains, des Russes, des Anglais, des Allemands les ont explorés avec succès et ont donné leur nom à plusieurs terres. Mais, remarquez-le bien, ces voyages remontent, au plus tôt, à la fin du siècle dernier, c'est-à-dire à une époque où les parties principales de l'archipel étaient déjà connues. Ils l'enrichissent de quelques îles ou îlots inaperçus ou imparfaitement décrits, ils précisent la position comparative et l'importance des différents groupes, ils redressent des erreurs de relèvement, ils fournissent sur les mœurs des habitants des renseignements précieux, quelquefois romanesques ; mais en somme le mérite de l'invention revient tout entier aux Espagnols.

II. S'ils ont découvert ces îles, s'ils les ont notées sur leurs cartes, ce n'était pas pour la satisfaction d'augmenter de quelques noms nouveaux la science géographique. Ils agissaient comme les représentants de leur souverain, et, quand ils abordaient sur une nouvelle terre, ils avaient la ferme intention d'ajouter cette acquisition au domaine de la couronne d'Espagne. L'État a-t-il jamais contredit leurs affirmations ? a-t-il manifesté la volonté de dédaigner et d'abandonner ce que lui offrait l'heureuse hardiesse de ses marins ? Non, la volonté du souverain était d'accord avec la volonté des sujets, et dès les premiers temps le gouvernement a commencé son œuvre de colonisation, exerçant ainsi d'une façon effective, et comme l'exige le droit des gens, sa souveraineté.

Toute entreprise de ce genre est par elle-même longue, incertaine et remplie de vicissitudes imprévues. Elle l'était davantage dans cette région maritime à cause des difficultés de la navigation. Le manque de grands vaisseaux, les courants contraires, les écueils, la connaissance imparfaite des distances, l'absence de cartes, tout cela rendait les Carolines à peu près inabordables, au point qu'on les avait surnommées les îles ensorcelées (*islas encantadas*). Mais on ne se décourageait pas. Le désir de connaître ces îles était par moments ravivé par la curiosité qu'excitaient la vue et la conversation des indigènes carolins jetés par les hasards de la mer sur les côtes des Philippines ou des Mariannes. On les interrogeait, on apprenait leur langue, on leur faisait décrire, au moyen de cailloux de grandeur différente, l'importance relative et la position des îles d'où ils venaient. Le centre de tous les efforts était Guahan, la capitale des Mariannes et le point le plus proche de notre archipel. Comme l'écrivait en 1722 un témoin oculaire, « il n'y a » point de tentatives que les gouverneurs de Guahan » n'aient faites pour réussir dans une si importante » découverte (1). »

(1) Le P. Cantova, *Lettres édifiantes*, VIII, p. 406.

Là comme partout, les missionnaires catholiques furent, le mot est devenu banal, les pionniers de la civilisation. Je n'ai pas à décrire leur œuvre dans ses détails (1), mais il faut en faire ressortir le caractère qu'il importe le plus de relever ici. Et je le fais d'un trait un peu brutal, mais qui rend bien ma pensée : les missionnaires étaient à cette époque de véritables fonctionnaires publics, agissant au nom du gouvernement qui les prenait à son service. Il est facile de le démontrer.

Les premiers navigateurs qui se hasardèrent à la recherche du monde inconnu et les gouvernements qui les encouragèrent n'obéissaient principalement ni à l'appât du lucre commercial, ni à l'ambition politique des conquêtes. Le mobile immédiat, je dirai plus, le mobile officiel qui les pousse, c'est l'idée religieuse. Ils ne craignent pas de le déclarer hautement. Dans la commission qu'il donne à Jacques Cartier, François Ier annonce que son but est « d'induire les peuples d'iceux pays à croire à » notre saincte foi, de faire chose agréable à Dieu » et qui fut à l'augmentation de son saint nom. » Henri IV, parmi les instructions qu'il donne au gouverneur de l'Acadie, Des Monts, expose que s'il veut « soumettre, assujettir et faire obéir tous les » peuples de ladite terre à son autorité, » c'est pour « par les moyens d'icelle et toutes voies licites » les appeler, faire instruire, provoquer et émouvoir

(1) Murillo Velarde, *Historia de la Provincia de Philippinas de la Compania de Jésus* (1749); — P. Kickens, *Les Missionnaires belges aux Philippines* (1881).

» à la connaissance de Dieu, et à la lumière de la
» foi et religion chrétienne. »

Je remplirais plusieurs pages si je voulais citer
les déclarations semblables des rois d'Espagne et
de Portugal (1).

Aussi, lorsqu'on 1705 les Jésuites de Manille
déléguèrent en Europe le P. Serrano et le P. Model
pour solliciter les moyens de réaliser le plan d'é-
vangélisation qu'ils avaient conçu, ce ne fut pas
seulement l'autorité religieuse qui les approuva.
Avec les instructions particulières du cardinal
Paulucci, avec un bref du pape Clément XI, ils
emportaient les preuves réelles de la sollicitude du
gouvernement civil. Philippe V leur fournit un
vaisseau de la marine royale, et outre la somme
d'argent que le Trésor leur versa immédiatement,
décida, suivant l'expression moderne, que dans le
budget annuel de la Nouvelle-Espagne, au chapitre des dépenses, figurerait une collocation de
deux mille *pesos* destinée à l'entretien des missions des îles Palaos.

Malgré toutes ces ressources, les premiers essais
ne furent pas couronnés de succès. Deux fois le
P. Bobadilla s'efforça de gagner l'archipel tant
convoité, et deux fois, après mille dangers, la tem-
pête le ramena au point de départ.

En 1709, les missionnaires des Philippines reçoivent les nouveaux renforts qu'ils attendaient

(1) Rancke, *Histoire de la papauté pendant les* xvi° *et* xvii° *siècle*,
liv. VII, § 3; — Vashington Iwing, *Histoire de Christophe Colomb*,
liv. I, chap. V; — Roselly de Lorgues, *L'Ambassadeur de Dieu;* —
Études religieuses des PP. Jésuites, avril et octobre 1876.

avec impatience. Deux volontaires, deux Flamands, le P. Matthieu Cortyl, né à Bailleul, le 3 février 1675, et le P. Jacques du Béron, né à Lille, le 30 décembre 1674 (1), renoncent à la vie calme et sûre de l'enseignement pour répondre à l'appel de leurs confrères. Ils s'embarquent à Cadix le 21 mai 1708, et c'est encore sous la sauvegarde et la conduite des autorités espagnoles. Le convoi est escorté d'un navire de ligne et de deux frégates.

Arrivés à Manille, les deux prêtres demandent à employer leur zèle apostolique dans ces terres inconnues que personne n'a encore pu aborder. Ils partent le 15 novembre 1710, non pas comme de simples particuliers, avec le seul soutien de leur foi ardente; le gouverneur a appareillé pour eux deux navires, commissionné le capitaine, don Padilla, et mis à bord un détachement d'infanterie.

A la fin du mois, après avoir perdu un des vaisseaux, l'expédition arrive en vue d'une île que les indigènes appellent Sonsorol et que le P. du Béron baptise du nom de Saint-André. Malgré les représentations prudentes du capitaine, les missionnaires descendent dans la chaloupe avec le contre-maître du navire et l'enseigne des troupes.

On ne les revit plus. La *Santissima Trinidad* ne put tenir la mer, et, pour ne pas être brisée à la côte, dut gagner le large. On sut plus tard que les passagers de la chaloupe avaient été tués à coups de bâton par les insulaires, et le frère de l'un des

____

(1) Le P. Kickens les qualifie de Belges. Il serait plus exact de les appeler Français, la Flandre étant à cette époque réunie à la France.

missionnaires, Nicolas du Béron, abbé de Loos, apprenait, en 1735, à Jacques Cortyl cette triste nouvelle avec une touchante et chrétienne simplicité : « Nous avons lieu, vous et moy, Monsieur, » de bénir Dieu et de nous réjouir du glorieux » martyre de votre frère et du mien. »

Ce tragique événement ne découragea personne. En octobre 1711, les PP. Serrano et Crespo prennent la même route et périssent dans un naufrage. Le P. Bouwens, en cette même année, le P. Mesria, en 1712, le P. Cantova, en 1722, puis en 1729, renouvellent d'héroïques et infructueuses tentatives.

Ce dernier fut plus heureux en 1731. Il put gagner l'île de Falalep avec une petite troupe de soldats qui construisirent un fortin. Il se proposait d'étendre ses prédications dans les îles voisines; mais les indigènes se soulevèrent et le massacrèrent avec ses compagnons.

Grâce à Dieu, tant d'efforts et tant de sang ne furent pas dépensés inutilement. A partir de 1734, les missions s'organisent régulièrement et avec succès, les communications deviennent plus faciles et plus fréquentes. Aujourd'hui ces îles, si longtemps inabordables, reçoivent les visites, tantôt des Franciscains dont l'ordre compte dans les Philippines près de cent cinquante paroisses ou succursales, et plus de deux cents membres, tantôt des Jésuites qui, moins nombreux mais non moins actifs, ont une résidence à Manille et à Mindanao, et une station à Sourabaya. Elles sont placées sous la juridiction spirituelle de l'archevêque de Manille.

Voilà le rapide tableau des premières entreprises de colonisation essayées par les Espagnols, sous le patronage et pour le compte de leur gouvernement. Ne constituent-elles pas une prise de possession suffisante ? Je pense, pour l'honneur de la science et de la diplomatie, que le droit des gens n'est pas devenu matérialiste au point de les dédaigner pour ne faire entrer en compte que les établissements commerciaux et militaires. Comment ! la possession d'une terre consisterait uniquement dans la tenue de quelques comptoirs où souvent l'on exploite la naïveté des indigènes, dans l'habitude de trafics qui procurent au sauvage pour tout profit la passion de l'ivrognerie, dans le choix de quelques lieux de relâche pour renouveler le charbon et fournir carrière aux ébats des marins en bordée ! Et si un État, au prix du sang de ses enfants, après d'énormes sacrifices, insoucieux d'intérêts mercantiles, a cherché tout d'abord à régénérer ses nouveaux sujets, à dissiper leur ignorance, à réformer leurs mœurs impures ou barbares, on dira qu'il ne possède pas effectivement cette terre, objet de tant de sollicitudes et théâtre de tant de dévouements ! Je ne puis croire que telle soit la signification de la politique allemande. En tout cas les Espagnols ont la fierté de ranger les travaux de leurs missionnaires parmi leurs titres de souveraineté, et cette fierté est légitime.

III. La sollicitude continue du gouvernement d'Espagne à l'égard des Carolines ne s'est pas seu-

lement manifestée de cette façon. Il les a rattachées
à son administration coloniale, témoignant ainsi la
volonté constante d'en garder la propriété.

Les colonies espagnoles sont réparties en capi-
taineries générales d'où dépendent les gouvernements politiques militaires, ainsi appelés parce que
les fonctionnaires qui les occupent cumulent tous
les pouvoirs. Pour la Micronésie, le capitaine
général a son siège à Manille, le gouverneur des
Mariannes dépend de lui et compte dans son dépar-
tement l'archipel des Carolines. Le tout forme la
capitainerie générale des Philippines.

Outre que le nom de Nouvelles-Philippines
attribué couramment à ces îles l'indique suffisamment, les cartes administratives de l'Espagne cons-
tatent cette organisation et le gouvernement possède
dans les actes de nomination de ses fonctionnaires,
dans leurs rapports et leurs dépêches, toute une
série de pièces qui la démontrent.

Et cela ne signifierait rien, parce que le siège de
cette administration serait lointain et son fonction-
nement peu actif! Mais assurément il n'y a pas de
principe du droit des gens qui précise le type uni-
forme suivant lequel les États doivent organiser leur
régime colonial et pose en règle absolue la nécessité
de la présence d'autorités locales. Les Carolins ne
sont pas très belliqueux, et les Européens, jusqu'en
ces derniers temps, n'avaient fondé auprès d'eux
aucun établissement bien important; le trafic était
fait presque exclusivement par des navires de pas-
sage. Pourquoi le gouvernement aurait-il installé

sur place des soldats qui n'auraient rien eu à défendre et des fonctionnaires qui n'auraient rien eu à administrer? Logiquement l'organisation politique suit la naissance et le développement des intérêts et ne les précède pas ; c'est affaire de circonstances.

Depuis dix ans environ, des centres sérieux d'importation et d'exportation se sont fondés dans cet archipel. Outre quelques résidents espagnols, les Anglais ont, d'après le rapport du consul allemand, M. Stubel, quelques comptoirs à l'ouest. A Yap fonctionnent des maisons allemandes importantes à côté d'un irlandais et d'un américain. Malgré leur extranéité, ces commerçants n'ont jamais nié qu'ils fussent établis sur une terre espagnole ; ils donnent à leur raison sociale une forme espagnole (Handels y Pantagen); bien plus ils ont spontanément réclamé la protection plus directe du gouvernement.

Au commencement de 1882, le capitaine d'une goëlette espagnole, le *Saint-Augustin,* fut le confident des vœux des pricipaux habitants, et le 29 septembre une pétition fut signée par eux dans ce sens. Ce document, dont le capitaine américain Halcomb, depuis assassiné, si l'on en croit les journaux, fut le promoteur, contient une reconnaissance formelle du gouvernement de S. M. Alphonse XII, et réclame l'installation d'une administration locale. Le Capitaine général accueillit favorablement la demande. le 23 octobre 1884. Des études préalables furent ordonnées ; *le Velasco,* croiseur de la marine royale, fut envoyé sur les lieux au commencement de 1885, et l'état-major reçut officiellement les protestations de fidélité et la soumission des résidents notables.

A ces faits ne reconnaît-on pas l'exercice d'une souveraineté vigilante et soucieuse des intérêts de ses sujets?

Ce n'est pas tout. Le 26 mars dernier, *le Velasco* arrive à Koror, port du groupe des Palaos, et le capitaine, choisi pour arbitre par deux chefs (reyezuelos) indigènes, obtient d'eux un acte dans lequel ils reconnaissent la suzeraineté de l'Espagne. Remarquez que ce sont des titres du même genre · qui ont constitué les premières colonies allemandes en Afrique et en Océanie.

Pendant ce temps, le gouvernement s'occupe des moyens pratiques et des mesures de détail. Une ordonnance royale paraît le 3 mars et confie au Capitaine général des Philippines le soin de l'organisation désirée ; le crédit nécessaire est ouvert (*Gaceta* de Madrid du 29 juillet) ; le nouveau gouverneur est nommé. On sait le reste. M. Caprilès arrive à son poste le 21 août, et c'est le 25 qu'il vit le drapeau allemand arboré sur cette terre qu'il venait administrer.

Toutes ces circonstances s'enchaînent et démontrent le plan progressif de l'organisation politique des Carolines. Au début, il paraissait suffisant de les rattacher à l'administration générale des Philippines ; quand les intérêts locaux semblent le mériter, on installe des rouages plus directs et mieux appropriés.

IV. Ainsi s'explique la profonde surprise que

les subites revendications de l'Allemagne ont causée, tant elles venaient heurter la croyance générale.

Chacun n'avait qu'à consulter ses souvenirs classiques pour retrouver le nom des Carolines dans la nomenclature des possessions espagnoles. Je ne veux pas abuser des citations. J'ai déjà invoqué l'autorité de M. Reclus. J'y joins celle de M. Levasseur (1), qui cependant a le tort de qualifier de purement nominale la souveraineté de l'Espagne. Il est vrai qu'il écrivait avant les faits tout récents que j'ai rappelés.

Veut-on le témoignage de ceux qui ont habité le pays ? Écoutez la déposition de M. Plauchut (2) : « Une de mes plus grandes surprises aura été de » voir l'Allemagne nier les droits de l'Espagne sur » l'archipel en question. J'ai vécu pendant de lon- » gues années à Manille, dans le voisinage des » Mariannes et des Carolines, et jamais autour de » moi, je n'ai entendu personne mettre en doute » les prétentions des Espagnols sur ces deux archi- » pels. A tous moments, j'y ai rencontré des pê- » cheurs carolins qu'un typhon avait jetés sur la » côte est des îles Philippines ; on les traitait, non » comme des sauvages naufragés, mais comme des » compatriotes malheureux, et, dès qu'il y avait un » navire en partance, on les rapatriait. Ces Carolins » sont en continuelles relations avec les Mariannes, » ils y viennent comme chez eux ; ils s'y livrent à » la culture et c'est même grâce à leur immigra-

(1) *La Terre* (1882), p. 336.
(2) *Revue scientifique*, 5 sept. 1885.

» tion que les produits du sol ont beaucoup aug-
» menté. Ils y sont comme de la famille. »

Cependant les voyageurs et les géographes ne fournissent pas l'élément le plus important à l'enquête que je poursuis. L'Espagne peut invoquer des témoignages plus positifs et d'une autorité toute particulière en droit international : c'est l'aveu et la reconnaissance de sa souveraineté par d'autres États.

Le 13 janvier 1750, elle signa à Madrid un traité avec le Portugal, et l'article 2 porte cette formule générale (1) : « Les îles Philippines *et les îles adja-*
» *centes* (y sus adyacentes) que possède la couronne
» d'Espagne lui appartiennent pour toujours.....
» Sa Majesté Très Fidèle fait la plus complète
» renonciation à n'importe quels action ou droit
» qu'elle peut prétendre sur ces îles. »

Le traité de Saint-Ildephonso du 1er octobre 1777 répète la même renonciation dans les mêmes termes à peu près. Article 21 : « Sa Majesté Très
» Fidèle cède à Sa Majesté Catholique tous les
» droits qu'elle pourrait avoir ou prétendre sur la
» propriété des îles Philippines, Mariannes et gé-
» néralement ce que possède la couronne d'Espagne
» dans ces parages (*y ademàs que posea en aquel-*
» *las partes*). »

Ces titres ont d'autant plus de valeur que la renonciation émane de la puissance maritime qui avait le plus d'intérêts à contester la souveraineté espagnole.

(1) De Garden, *Les Traités de paix*, IV, p. 432.

Ajoutons que les agissements des autres États les confirment implicitement.

En 1705, lors du départ des missionnaires français pour les îles Palaos, Louis XIV leur remet une lettre pour son petit-fils Philippe V d'Espagne. Rien n'y révèle le moindre doute sur les droits de celui-ci.

Bien plus, presque tous les États comptent des officiers de leur marine parmi ceux qui découvrent ou explorent ces îles. Les navigateurs français, notamment, s'y succèdent; c'est Duperrey, c'est Freycinet, c'est Dumont d'Urville, c'est de Rienzi et d'autres encore. L'amiral russe Lutke en fournit en 1828 la description la plus complète qui ait été faite jusqu'alors. Les Anglais Vilson, John Hall, Morlock, etc.; les Américains Barnard et Crozer, — et j'en omets, — y font des découvertes plus ou moins importantes. Aucun ne songe à prendre possession au nom du souverain dont il est le sujet, et à nier aux Espagnols la priorité de possession.

En comparant les titres que la couronne d'Espagne invoque avec les principes du droit des gens qui ont été rappelés plus haut, il faut constater la plus exacte conformité. Jamais on n'a pu trouver une plus complète application de ces propositions de Vattel : « Lorsqu'une nation trouve un pays inha-
» bité et sans maître, elle peut légitimement s'en
» emparer ; et, après qu'elle a suffisamment marqué
» sa volonté à cet égard, un autre ne peut l'en
» dépouiller. C'est ainsi que des navigateurs, allant
» à la découverte, munis d'une commission de leur
» souverain et rencontrant des îles ou d'autres terres

» désertes, en ont pris possession au nom de leur
» nation ; et communément ce titre a été respecté,
» pourvu qu'une possession réelle l'ait suivi de
» près (1). »

Tout l'effort des objections opposées par le gouvernement allemand porte sur la formule restrictive
qui termine la déclaration du jurisconsulte. Il me
reste à examiner s'il est assez puissant pour rompre
le faisceau de preuves sur lequel la cause espagnole
s'appuie.

(1) *Loc cit.*, liv. I, chap. 18, § 207.

CHAPITRE III

Les objections de la chancellerie allemande.

« Le droit des gens ne reconnaîtra la propriété et
» la souveraineté d'une nation que sur les pays
» vides qu'elle aura occupés *réellement et de fait,*
» dans lesquels elle aura formé un établissement
» ou dont elle tirera un usage actuel (1). » Or, non
seulement l'Espagne n'a pas profité des découvertes
faites en son nom, mais elle s'est complètement
désintéressée depuis longtemps des îles Carolines.
En voici la preuve.

I. En 1875, le consul espagnol de Hong-Kong
avait prétendu réglementer le commerce des Anglais
et des Allemands avec cet archipel. L'Allemagne
et la Grande-Bretagne protestèrent, et, dans les
notes qui furent échangées, constatèrent qu'aucun
fonctionnaire espagnol ne séjournait dans ces parages
et que partant elles n'y reconnaissaient pas l'exercice effectif de la souveraineté. Le ministre d'Espagne
laissa passer cette déclaration sans réclamation ni
réserve.

(1) Vattel, *Loc cit.*, § 208.

II. Les faits confirment ce silence. Il y a peu ou point d'Espagnols dans ces îles. On y compte surtout comme Européens établis des commerçants allemands qui portent tout le poids de la colonisation et doivent se protéger eux-mêmes contre les indigènes.

III. Les tentatives d'organisation essayées par les Espagnols en août dernier ne peuvent équivaloir à une occupation dans le sens juridique du mot : *a)* parce que leur intention n'a pas été notifiée aux autres gouvernements conformément aux stipulations de la Conférence de Berlin ; *b)* parce que le gouvernement impérial les avait devancés en annonçant à une date antérieure le projet d'établir son protectorat sur le même archipel ; *c)* parce que l'occupation espagnole est en définitive contredite par l'occupation concomitante et concurrente effectuée au nom de l'empire par la canonnière *l'Iltis*.

IV. En tous cas la souveraineté espagnole ne s'est manifestée qu'en une seule île. Le surplus de l'archipel demeure donc vacant et sans maître.

Voici le résumé des principaux arguments que le gouvernement allemand a fait valoir et tels qu'ils ressortent, soit des documents officiels qui ont été publiés, soit des articles de la presse d'Outre-Rhin.

Le grief général que l'on adresse à l'Espagne de n'avoir point suffisamment exercé sa souveraineté, tombe devant les raisons qui ont été développées dans le chapitre précédent. Je n'ai pas à y revenir ; il faut seulement répondre aux reproches particuliers qui, s'ils étaient fondés, enlèveraient aux faits anciens toute leur signification.

I. Le gouvernement espagnol a-t-il vraiment reconnu en 1875 que son action ne s'étendait pas aux Carolines? En aucune façon, répond le ministre des affaires étrangères dans sa note du 10 septembre dernier. L'incident soulevé par les agissements du consul de Hong-Kong doit s'interpréter *secundum subjectam materiam*. Or il s'agissait d'un fonctionnaire qui avait excédé ses pouvoirs; le gouvernement donnait une suffisante satisfaction aux réclamations des États intéressés en le désavouant et c'est ce qu'il a fait. S'il n'a pas relevé l'allégation contenue dans la note collective des représentants de l'Angleterre et de l'Allemagne, c'est que, seul juge de l'utilité d'un gouvernement local dans l'archipel carolin, il n'en voyait pas alors l'opportunité et ne voulait prendre aucun engagement même indirect.

Son silence pourrait avoir une autre signification, si cette note avait impliqué une revendication quelconque ou laissé entendre que l'on considérait ces îles comme *res nullius*. Mais, bien au contraire, M. de Bismarck avait déclaré en 1871 avec plus de franchise que de bon goût : « Je ne veux point de » colonies. Pour nous autres Allemands, des posses- » sions lointaines seraient exactement ce qu'est la » pelisse de zibeline pour certaines familles nobles de » Pologne qui n'ont pas de chemises. » En 1875, le gouvernement fédéral protestait encore qu'il n'avait aucune visée coloniale et qu'il se bornait à émettre un vœu dans l'intérêt du commerce universel. La politique du Chancelier a changé, et personne pourtant ne songe à tirer argument contre elle des déclarations antérieures. C'est la meilleure preuve de la valeur toute relative du document invoqué.

II.   L'établissement d'un nombre plus ou moins considérable de commerçants allemands, formant même la grande majorité des résidents européens, n'a aucune importance juridique. Ils ont agi dans leur intérêt privé, sans titre ni mandat officiel; en fait, ils n'ont accompli aucun acte de souveraineté au nom de l'Empire, et ils savaient qu'ils fondaient leurs comptoirs sur une terre espagnole.

Bien plus, quand la pétition de 1884, demandant une administration locale, a circulé, ils n'ont soulevé aucune protestation. Pourquoi reprocher à l'Espagne l'hospitalité qu'elle leur a largement accordée, comme à Cuba et ailleurs?

III.   Vient ensuite une sorte de question de procédure avec tout son attirail de significations, de notifications, de chicanes sur les dates.

Le gouvernement espagnol n'a pas annoncé aux autres États son intention d'occuper effectivement l'archipel en litige. C'est exact. Admettons même que tous les pays représentés à la Conférence de Berlin aient bien d'un commun accord proclamé la nécessité de pareilles significations et que ce soit, non pas un simple *desideratum*, mais une stricte obligation ayant pour sanction la nullité de l'occu-

pation. Deux réserves ont été formellement faites :
la Convention n'a aucune portée rétroactive et ne
s'applique pas aux possessions déjà acquises ; d'autre
part, elle n'est conclue qu'en vue des côtes africaines
dont la distribution faisait l'unique objet de la
Conférence. On avait proposé d'étendre la règle
aux territoires sur lesquels les États n'avaient qu'une
souveraineté nominale, mais la motion fut rejetée
sur la demande même du représentant de l'Espagne.

Qu'importe, ajoute-t-on ? le gouvernement allemand a enlevé d'avance toute valeur aux actes du
gouvernement espagnol, en annonçant à une date
antérieure ses projets de protectorat. Ce qui le
prouve, c'est l'acte public et impérial qui constitue
la Compagnie générale de la Nouvelle-Guinée ; c'est
ensuite la notification spéciale faite par le comte
de Solms le 11 août dernier.

La réponse est facile. L'acte de concession octroyé
à la société allemande n'est pas un acte international ; le conflit qui a surgi entre l'Angleterre et
l'Allemagne le prouve surabondamment. A ce
compte, l'Espagne pourrait également invoquer
l'acte du même genre que Philippe V a accordé le 26
avril 1732 à la Compagnie des Philippines et dans
lequel il lui concède, non seulement les îles de ce
nom, mais toutes les possessions espagnoles dans
les Indes Orientales (1).

Quant à la notification allemande du mois d'août,
elle est postérieure au départ des vaisseaux espagnols sortis le 10 de Manille, au vote des subsides,

(1) Dumont, Suppl. IV, p, 328.

au décret royal d'organisation, à la mission du *Velasco*, à tous les faits, en un mot, qui annonçaient les projets bien arrêtés des autorités espagnoles, tant de la métropole que de la colonie, et que publiait la presse allemande elle-même (1).

L'aventure de l'*Iltis* est connue; je rappelle qu'elle a suivi de quatre jours au moins l'arrivée des navires espagnols portant le nouveau gouverneur. Et vraiment on peut se demander s'il est bien digne d'un grand peuple d'opposer à une souveraineté reconnue par une tradition séculaire le fait unique d'avoir arboré un drapeau sur la maison d'un commerçant, à la tombée de la nuit et dans l'ombre d'une brume épaisse!

IV.   La dernière objection est plus délicate en apparence. Il est bien vrai que la plupart des îles de l'archipel Carolin ont échappé à l'exercice de la souveraineté espagnole. Mais n'est-ce pas le cas d'appliquer la règle proposée par les jurisconsultes et qui peut se formuler ainsi : l'occupation de la partie principale du territoire étend ses effets à tout ce qui forme avec celle-ci un ensemble naturel?

Or on ne peut nier que la souveraineté de l'Espagne s'est surtout exercée sur les îles qui, par leur situation et leur importance, peuvent être considérées comme les capitales des grands groupes de l'archipel. On ne peut nier non plus que toutes ces îles et îlots dont beaucoup, suivant l'expression des

______

(1) Les documents diplomatiques espagnols citent le n° du 13 mars 1885, du *Nordtenscher allgemeine Zeitung* de Berlin.

premiers voyageurs, ne sont habités que par les oiseaux, forment un tout complet, un ensemble homogène. Le témoignage des géographes, le relevé des cartes, la tradition, l'opinion générale le démontrent suffisamment. Les observations faites par les explorateurs confirment ces preuves. Les indigènes des îles Palaos, ceux du groupe central et ceux de l'est parlent la même langue ou des dérivés de la même langue ; leurs mœurs et leurs coutumes sont semblables ; tous leurs traits ethnographiques sont communs. D'une étonnante habileté dans l'art de la navigation, ils vont et viennent d'une île à l'autre, comme vont et viennent dans les diverses régions les habitants d'un même pays. Bien plus, il paraît que leurs institutions politiques, si sommaires qu'elles soient, révèlent une sorte de féodalité, et que les petits chefs de tribu se reconnaissent comme les vassaux d'un suzerain commun établi dans la grande île.

Remarquez du reste, et je le répète, qu'une interprétation différente serait bien dangereuse pour les États maritimes qui possèdent des archipels ou des groupes d'îles. Il est bien rare que toutes soient réellement occupées dans le sens strict que les Allemands veulent donner à ce mot. Ces États sont donc exposés à ce que d'un jour à l'autre une puissance étrangère vienne s'implanter au cœur même de leurs possessions.

Le seul côté où l'on peut être touché par l'objection, c'est en ce qui concerne la détermination des limites extrêmes de l'archipel. On a vu que sur ce point les géographes ne s'entendent même pas. C'est là une question de fait, plutôt qu'une question de droit ; la sagesse des diplomates peut trouver la délimitation sans porter atteinte à aucun principe.

Il est temps de conclure. La théorie politique que la chancellerie allemande a essayé de faire triompher, n'est que l'application d'une règle formulée par un de ses jurisconsultes les plus renommés : « Un État, dit Bluntschli, § 281, *in fine*, ne » viole pas le droit international en s'emparant » d'une contrée dont un autre État n'aurait pris » possession que pour la forme à une époque anté- » rieure. Il peut facilement en résulter des conflits, » mais la question du droit est tranchée d'avance, » la politique seule est en jeu. »

J'ai essayé, au contraire, de démontrer que la question n'était pas de pure politique, mais toute de droit ; j'ai examiné, sans parti pris, les titres de propriété invoqués par le gouvernement espagnol, et j'en ai reconnu la solidité et la justice. On a vu, par suite, combien ce programme qui procède de la négation des droits historiques était dangereux pour toutes les puissances coloniales, combien aussi il viole le principe le plus élémentaire du droit des gens, l'égalité et l'indépendance des États, puisqu'il leur conteste la faculté d'apprécier souverainement le régime qu'il leur convient de donner à leurs possessions lointaines.

Les règles internationales se trouvent ainsi d'accord avec l'équité. La conscience la moins délicate ne peut admettre que le dernier venu profite seul des résultats préparés par le courage et la persévérance des autres, et que ce soit un titre nu d'avoir indiqué la route, conduit les premières explorations, tracé les premières cartes, et tenté, au prix du sang, d'introduire la civilisation.

La cause espagnole ne se recommande donc pas uniquement par la sympathie qu'inspire un peuple noble et malheureux, se débattant contre des fatalités de tout genre pour se maintenir au niveau de ses grandes traditions. Elle s'appuie encore sur les arguments juridiques les plus solides.

On sait devant quelle autorité elle a été portée. Je n'ai pas à faire ressortir ici la valeur de l'hommage ainsi rendu au grand Pontife qui honore le Siège apostolique (1). Je veux seulement remarquer que S. S. Léon XIII a été choisi, non comme ar-

(1) Voici l'appréciation de quelques journaux protestants et libéraux.

Journal d'*Elberfeld*. — Léon XIII est l'idéal d'un juge. Fort et puissant moralement, comme Chef de la chrétienté, le Pape peut le mieux terminer ce conflit. Nul doute ne peut être élevé contre l'esprit de justice et de sagesse du noble vieillard. C'est un grand homme politique.

Staatsburger Zeitung. — M. de Bismarck semble reconnaître le Saint-Siège comme une puissance politique, car il le reconnaît comme arbitre en affaires politiques, et la note du chancelier demandait à soumettre le conflit à une puissance amie des deux nations. Nous croyons qu'on ne peut assez relever la signification de cet acte.

Gazette de Voos. Cet acte reconnaît au Pape une puissance temporelle, car on a proposé à l'Espagne de s'adresser à une puissance amie.... C'est par là qu'il faut reconnaître un lien entre l'affaire des Carolines et le *Kulturkampf.* C'est une chose que nos ultramontains n'ont jamais entrevue, même en rêve.

bitre, mais comme médiateur. La différence entre les deux rôles est notable. L'arbitre ressemble au juge qui cherche avant tout où est le droit ; le médiateur, sans négliger la question de justice, cherche à concilier les parties. Le premier rend une sentence ; le second indique le terrain sur lequel le rapprochement peut s'opérer. La réponse de l'un est obligatoire comme un jugement ; l'autre propose, à titre de bon office et de conseil, une solution que les intéressés sont libres de repousser. Tous les deux, du reste, sont dessaisis dès que l'accord est d'une façon quelconque rétabli.

Au reste, les Espagnols ont été spontanément au devant de la conciliation. Dès le 10 septembre, leur gouvernement a offert aux Allemands, dans les parages contestés, la liberté de séjour et de commerce, la jouissance de droits égaux à ceux reconnus aux nationaux, l'établissement d'une station navale.

Dans le cours de cette polémique, les journaux allemands ont insisté sur la vitalité progressive du commerce extérieur de leur pays. C'était l'expression d'un orgueil légitime. Mais en dépeignant l'énergie persévérante des hommes du Nord, se développant au grand profit de l'humanité tout entière, ils l'ont opposée avec dédain à ce qu'ils appelaient l'apathie méridionale. C'est une comparaison qui me laisse très sceptique.

Mes doutes s'abritent derrière l'autorité de deux témoignages que je me contente de rapprocher. M. Frédérick de Hellwald, dans un livre qui n'a pas manqué de succès (1), a entrepris de décrire les évolutions de la civilisation ; il y trace le tableau suivant des procédés de « cultur » employés dans le Nouveau-Monde par les races germaine et saxonne :

« La manière dont l'élément germanique a résolu
» le problème de la civilisation forme un contraste
» énorme avec l'idéal d'une politique soi-disant
» humanitaire. Le Yankee, race énergique, maté-
» rielle, anéantit tout brusquement, brutalement ;
» il arrive la carabine à l'épaule, le revolver au
» poing, dans la contrée à exploiter. Peu à peu il
» détruit la population indigène par le feu, l'eau-
» de-vie, les vexations de l'arbitraire et par mille
» autres moyens, et s'empare de force du terrain
» qui lui agrée.... L'Indien, naturellement, suc-
» combe dans la lutte, sa race disparaît et la
» civilisation passe sur son cadavre. Pareille chose
» a lieu dans les colonies de la Grande-Bretagne.
» Les Anglais chassent les indigènes de leurs sta-
» tions, les démoralisent par des corvées exces-
» sives, par la soif insatiable d'argent, les vices et
» les maladies de toute sorte qu'ils leur commu-
» niquent et s'enrichissent eux-mêmes aux dépens
» de ce qu'on nomme les lois de l'humanité. »

En regard de cette peinture dont l'auteur prend, du reste, son parti avec une désinvolture parfaite, j'aime à placer l'hommage rendu par M. Elisée Reclus à l'action bienfaisante de l'Espagne, qui, elle, loin de supprimer les éléments indigènes de ses colonies, a réussi à leur infuser son propre sang :

(1) *Culturgeschichte in ihrer natürlichen Entwikelung*, 1875, p. 746.

« L'influence exercée par les populations de la
» péninsule ibérique sur le reste du monde est une
» de celles qui garderont encore leur valeur pen-
» dant de longs siècles. Le fort génie de l'Espagne
» se révèle historiquement par la durée de ses
» œuvres dans tous les pays où elle domina pendant
» une période plus ou moins longue de l'histoire....
» Dans l'Amérique latine maintes cités, quoique
» habitées surtout par des Indiens et des Métis,
» semblent aussi parfaitement espagnoles que si
» elles se trouvaient dans les plaines rases de l'Es-
» tramadure, au lieu d'être dans les forêts du
» Nouveau-Monde : on dirait un quartier détaché
» de Badajoz ou de Valladolid. Les races elles-
» mêmes, aztèques, quichuas et araucaniennes ont
» été hispanifiées par la langue, les mœurs, la
» manière de penser. Un territoire immense, double
» de l'Europe en étendue et destiné à nourrir un
» jour des habitants par centaines de millions,
» appartient à ces peuples d'idiome castillan qui
» font équilibre aux populations de langue anglaise
» groupées dans l'Amérique du Nord. De toutes les
» nations d'Europe, les Espagnols sont les seuls qui
» puissent avoir actuellement l'ambition de disputer
» aux Anglais et aux Russes la prépondérance fu-
» ture dans les mouvements ethniques de l'humanité.
» Quoi qu'il en soit, ils ont encore en réserve une
» part considérable de travail dans l'œuvre com-
» mune, grâce à leur forte originalité, à leur carac-
» tère solide, à leur noblesse et à leur droiture (1). »

(1) *L'Europe méridionale*, III, p. 910.

Le rapprochement de ces citations n'a pas besoin de commentaire ; il montre quel profit l'humanité en général et les Carolins en particulier, peuvent retirer de la substitution de l'influence allemande à l'influence espagnole. Celle-ci promet d'être d'autant plus heureuse et plus active, même dans la sphère des intérêts matériels, que le commerce et l'industrie ont reçu dans la péninsule ibérique, depuis la seconde moitié de ce siècle, des développements prodigieux (1), pour employer l'expression de M. Oliver Esteller, délégué du gouvernement espagnol au Congrès international de droit commercial tenu, il y a deux mois, à Anvers. La meilleure preuve de ce progrès, c'est que les pouvoirs publics ont refondu et réformé la législation commerciale. Le nouveau Code a été voté par les Chambres le 13 juillet dernier, sanctionné par le roi le 22 août, et doit entrer en vigueur le 1ᵉʳ janvier prochain. Il est en harmonie avec les réformes qui ont été opérées ailleurs et contient, en matière de droit maritime notamment, des innovations heureuses qui ne peuvent qu'augmenter la sécurité et les facilités du commerce général.

Que Dieu veille sur les destinées de l'Espagne et fasse que la mort prématurée de S. M. Alphonse XII ne l'arrête pas dans la voie du relèvement et du progrès !

(1) Rapport sur les innovations du nouveau Code en matière de lettre de change.

ÉPILOGUE

Pendant que ces lignes étaient sous presse, les journaux ont annoncé que les gouvernements d'Espagne et d'Allemagne avaient arrêté de concert la rédaction d'un protocole qui doit servir de base à une convention définitive.

Ce document n'a pas été publié, et c'est comme simples renseignements que j'indique les révélations répandues par ceux qui se vantent d'en avoir pénétré le secret.

Au début serait inscrite la reconnaissance formelle de la souveraineté espagnole sur les Carolines.

Ensuite on fixerait les limites de cet Archipel qui comprendrait une étendue de sept cent vingt milles marins, englobant le groupe occidental des Palaos, les îles du centre jusqu'aux plus voisines de la Nouvelle-Guinée et ne laissant libres que quelques parties de l'est, notamment les Marshall dont les journaux ont également annoncé l'occupation par la marine allemande.

En retour, l'Espagne accorderait à l'Empire la liberté de commerce la plus étendue et la faculté d'établir une station navale. C'est, on l'a vu, une concession qu'elle avait offerte dès le début.

Enfin il serait stipulé que toutes les difficultés qui pourraient surgir seraient soumises à un arbitrage.

Cette dernière clause mérite l'attention de tous ceux qui s'intéressent aux développements du droit international (1), dans un temps où, pour le plus grand malheur des individus et des peuples, le militarisme (le mot est aussi barbare que la chose) est poussé à outrance. Quel heureux contraste elle forme avec les tristes lois qui, dans plus d'un pays, sous prétexte d'assurer la paix en préparant à la guerre, compromettent la culture intellectuelle et morale des jeunes générations !

Dans le cours du conflit dont j'ai retracé les phases, la Société française des Amis de la Paix adressait aux Souverains des deux pays une éloquente adresse (2). Elle y rappelait « quelles ressources,
» cent fois éprouvées par les plus heureux résultats
» et d'ailleurs sanctionnées à plus d'une reprise,
» depuis trente années, par les déclarations unani-
» mes des puissances civilisées, peut offrir le re-
» cours à l'arbitrage. » Elle ajoutait : « Persévérez,
» Sires, dans ces généreuses inspirations, et ache-
» vez, par un appel formel à une si sage et si salu-
» taire procédure, de justifier la confiance persé-
» vérante de l'Europe. »

Puissent les indiscrétions de la presse ne nous avoir pas trompés ! Si vraiment les hommes d'état de l'Empire allemand et de l'Espagne donnent cet exemple, sanctionné par la plus haute autorité mo-

(1) Rouard de Card, *De l'arbitrage international.*
(2) *Journal des Économistes*, 1885, p. 423.

rale qui soit au monde, l'affaire des Carolines ne disparaîtra pas de la scène politique comme un de ces conflits qu'emporte le vent capricieux de l'actualité. Elle servira de précédent, et l'on verra quelque jour devenir de style, dans les conventions internationales (1), cette clause de l'arbitrage, comme la sauvegarde la plus sûre de la fidélité aux engagements et de la paix universelle.

(1) Depuis 1883, les États-Unis et la Suisse sont en négociations pour conclure un traité permanent qui constituerait un tribunal arbitral chargé de statuer sur toutes les difficultés qui pourraient s'élever entre les deux pays. (*Journal de droit international privé*, 1885, p. 478.)

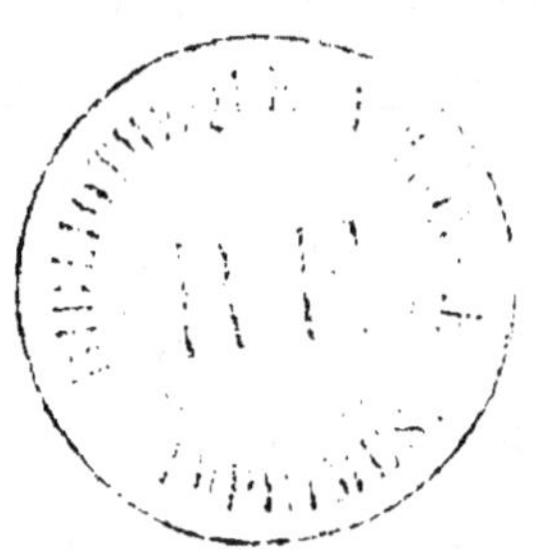

— Lille. Typ. J. Lefort. 1886 —